Kurdish Baby Names

More than 1000 of the most beautiful traditional Kurdish names for newborn boys and girls

Boys Names

Afran

Afrîn

Agah

Agir

Agirî

Ajar

Ajeng

Akam

Akrê

Alan

Alaz

Alwan

Amanc

Amed

Amêdî

Amojgar

Amûd

Aran

Ararat

Aras

Araz

Ardan

Ardelan

Ardî

Arêz

Arhat

Arî

Ariyan

Armanc

Artûş

Arûn

Arûng

Asan

Aşid

Asin

Aşina

Aso

Asos

Aşti

Aştî

Astû

Ava

Avan

Avdar

Avdel

Avdî

Avî

Avşîn

Avzêl

Awar

Aware

Awdel

Awdil

Awedan

Awir

Axa

Aza

Azad

Azî

Azwer

Babîr

Babûr

Baçîn

Bad

Badil

Badîn

Bado

Bager

Bagerd

Bagir

Bagok

Baha

Baho

Bahoz

Bajen

Bakûr

Bala

Balaban

Balber

Baldar

Balî

Balîxan

Bangîn

Banî

Bapîr

Baram

Baran

Baraw

Bareş

Bargiran

Barî

Barnas

Barsaz

Barzan

Basam

Başin

Bawan

Bawer

Bawerd

Baxewan

Bayiz

Baz

Bazan

Bazî

Bazît

Baziyan

Bazo

Bazyan

Bêbak

Bêbaş

Bêcan

Bêdad

Bêdar

Bêdeng

Bedlîs

Behat

Bêhawta

Behdîn

Behêz

Behî

Behmen

Behoş

Behram

Behremend

Behwan

Bêjen

Bêjewan

Bejndar

Bejno

Bêkes

Bêlan

Belên

Belengaz

Bêmal

Bemo

Bênav

Bênaw

Bendewar

Bendî

Bendo

Bênewa

Beng

Bengîn

Berbest

Berevan

Berêz

Berfan

Berhem

Berhev

Berhevdar

Berkar

Berken

Bernas

Berpa

Berpal

Bêrtî

Berwan

Berwar

Berxo

Berxwedan

Berz

Berzan

Berzenc

Berzend

Berzo

Besam

Bêsaran

Beşat

Bestî

Bêwar

Bextewar

Bextiyar

Beyanî

Beyar

Beyar

Bijar

Bijûn

Bijwên

Binar

Binav

Binyat

Biradost

Bîrdar

Bîrhat

Birîndar

Birûsk

Biryar

Birzo

Biyan

Bizan

Botan

Bozo

Bûban

Cango

Cano

Ceger

Cejnî

Çekan

Çekdar

Çeko

Çelek

Cembelî

Çêner

Cengî

Cengo

Çeto

Çeto

Cigerxîn

Cîgerxwîn

Cîhan

Çildar

Çira

Çirûsk

Ciwan

Çiya

Coban

Comerd

Cotkar

Cotyar

Cûdî

Daban

Dadyar

Dager

Dana

Daner

Dara

Daran

Dêber

Dengdar

Derav

Derbest

Dersim

Derwêş

Deza

Dîdem

Dijle

Dijwar

Dilawer

Dilbirîn

Dilciwan

Dildar

Dilêr

Dilêr

Dilger

Dilgeş

Diljen

Dilo

Dilodîn

Dilşad

Dilşad

Dîmen

Diyadîn

Diyako

Diyar

Diyarî

Efo

Egît

Elind

Elwand

Erdehan

Erdelan

Erdem

Erez

Espar

Evîndar

Evraz

Eyaz

Ferhat

Ferman

Fero

Filît

Firya

Gare

Gazîn

Gelî

Gerdîn

Gerdûn

Gherîb

Goran

Hana

Hanîs

Hawar

Hawrama

Hawrê

Hawrê

Haydar

Hazo

Hêja

Hejar

Hejar

Hekar

Hêmen

Hemreş

Herdem

Hêriş

Heval

Hevgin

Hewal

Hewar

Hewdem

Hewrê

Hewreman

Hezo

Hilkar

Hindirîn

Hişyar

Hîwa

Hoybûn

Hugir

Huner

Hunermend

Jêhat

Jîndar

Jîno

Jîr

Jiwan

Jîwan

Kajaw

Kajîn

Kamîran

Kardox

Kardux

Karmend

Karsaz

Karwan

Karza

Karzan

Kawa

Kawar

Kawe

Kejo

Kekan

Keko

Kendal

Kesra

Kevîr

Keya

Keyo

Kezêban

Kîka

Koban

Koçber

Koçer

Kosret

Koyo

Kumar

Kurdu

Kuvan

Lawîn

Lêzan

Lezgîn

Lolan

Loran

Mako

Mazîn

Mêhvan

Mem

Mem

Memu

Merdan

Merdem

Mêrdo

Mergewer

Merîwan

Mertal

Merwan

Mêrxas

Metîn

Mezdar

Milet

Mîr

Mîrhem

Mîrko

Mîrza

Mûnzir

Nalî

Nalîn

Narî

Naso

Nasraw

Navda

Navdar

Navîn

Nebez

Nebez

Nêçîrvan

Nedyar

Nemrût

Neşwan

Newroz

Nîbar

Nîhad

Nijdar

Nîyaz

Olan

Palan

Paldar

Pale

Palîn

Pankîsar

Paraw

Parêz

Pawan

Payan

Payedar

Pêdvî

Pejan

Pelewan

Perwer

Pola

Polan

Raber

Ragir

Rajan

Rajo

Raman

Rangar

Rêbaz

Reben

Rêbend

Rêber

Rêdan

Rêdîr

Rêkan

Rêkewt

Reman

Rênas

Reswan

Rêving

Rewan

Rewez

Rêzan

Rêzan

Rindo

Ristem

Rizgan

Rizgar

Rodî

Rohat

Rojan

Rojdar

Rojen

Rojhat

Rojko

Rojwan

Rojyar

Ronas

Ronga

Ronî

Roşan

Rostem

Rubad

Rûbar

Ruîbar

Rûşen

Şabal

Şadman

Şahîn

Salar

Samal

Saman

Sanaw

Şaxan

Sazan

Sefîn

Senger

Sepan

Seraw

Serbaz

Serbest

Serbest

Serbilind

Serdar

Serdar

Serdeşt

Şêrefxan

Serfiraz

Serger

Sergewaz

Serhat

Serheng

Serhing

Serhing

Seriyas

Serkar

Serkar

Serkeft

Sermend

Sertan

Şervan

Şerwan

Serwer

Serxwebun

Şêrzat

Şevder

Seywan

Sîdar

Silîvî

Simiko

Simku

Şînwar

Sîpan

Sîrwan

Şirwan

Şivan

Siyabend

Sîyar

Soran

Soraw

Spîndar

Suran

Tajdîn

Talan

Tewran

Tîrêj

Tîrvan

Tomar

Vehêl

Vejen

Vîndar

Warhêl

Welat

Werzan

Xebat

Xelat

Xemgîn

Xemu

Xerdel

Xerzan

Xîzan

Xorto

Xozan

Yadgar

Zamo

Zana

Zanyar

Zar

Zarav

Zargo

Zarî

Zaxo

Zaza

Zêdan

Zêmar

Zend

Zendîn

Zendo

Zengî

Zengo

Zerdest

Zerdo

Zêrevan

Zêwer

Zinar

Zîrek

Zîver

Zoran

Zorav

Zoro

Girls Names

Adan

Adar

Agrîn

Aheng

Ajda

Ajîn

Ajna

Ajwan

Ala

Alal

Alîn

Alûs

Aman

Ara

Aran

Araz

Arda

Arîman

Arîn

Ariya

Arjen

Asê

Aska

Askê

Aşna

Astan

Aştî

Avan

Avbîn

Avîn

Avşîn

Avzêl

Avzen

Awaz

Awîng

Awira

Axîn

Axîn

Azade

Azîn

Azû

Bada

Bahoz

Baneşîn

Baran

Barêz

Barûve

Bawan

Baweşen

Baweşîn

Bazê

Bazîn

Bedew

Bedewcan

Befraw

Befrî

Befrîn

Begî

Behar

Behêz

Bejîn

Bejna

Bejnê

Belalûk

Belar

Belên

Belîban

Bêlîm

Bêmal

Benaw

Bênaw

Bênaz

Bendan

Benden

Bendewa

Bendewan

Benewş

Bengîn

Berafîn

Beraw

Berbang

Berçem

Berdil

Berem

Berfende

Berfîn

Berhem

Berî

Bêrî

Bêrîcan

Berîn

Bêrîwan

Berîxan

Berken

Berma

Bermal

Bermalî

Bersîn

Berwar

Berzê

Besê

Besna

Bêwîjan

Bewran

Beyan

Beybûn

Beysos

Bezma

Bihar

Biheşt

Bijarde

Bijew

Bijwên

Bijya

Bînahî

Binevş

Birca

Birwa

Bişkuj

Biwar

Can

Canan

Canê

Çavgeş

Çeman

Cîhan

Çîmen

Çinar

Çirûsk

Ciwana

Ciwancan

Ciwannaz

Daban

Darîn

Daxaz

Delal

Demgul

Derman

Dersima

Desmal

Dever

Dewken

Dîana

Dicle

Dîdar

Dihok

Dila

Dilan

Dîlan

Dilara

Dilawaz

Dilba

Dilbaz

Dilber

Dîlber

Dilcan

Dilkanî

Dilmest

Dilnaz

Dilnîgar

Dilocan

Dîlok

Dilorîn

Dilovan

Dilpak

Dilşa

Dilşên

Dilsoz

Dilvan

Dilvîn

Dilxoş

Dilxwaz

Dîmen

Dîwan

Diyar

Edgar

Efsan

Elegez

Elind

Enwa

Erdelan

Erdem

Ernewaz

Erzen

Erzo

Esmer

Esmercan

Esmerxan

Esmîxan

Esrîn

Estêr

Etûn

Evîn

Evser

Ewaz

Ewîn

Ewrîn

Exter

Ezcan

Ezîn

Ezma

Ezo

Felek

Feraşîn

Ferman

Ferzê

Ferzîne

Fîdan

Fîlya

Fîrya

Firyal

Gazîn

Gelavêj

Gelaz

Gerdan

Gerdana

Gerdangaz

Gerdew

Gerdîn

Gerdûn

Geşa

Geşîn

Gever

Gewher

Gewrê

Gezîne

Gezîza

Gilêne

Gilya

Gilyaz

Giraw

Giyabent

Gizing

Guhdar

Gul

Gulal

Gulan

Gulav

Gulavî

Gulaw

Gulbahar

Gulbanû

Gulbaran

Gulbarîn

Gulbawan

Gulbax

Gulbeden

Gulbehar

Gulbejn

Gulbent

Gulberîn

Gulberoj

Gulbeser

Gulbest

Gulbîn

Gulcan

Gulçîn

Gulda

Guldar

Gulê

Gulferî

Gulfiroş

Gulîn

Gulîşa

Gulistan

Gulîstan

Gulîzar

Gulîzer

Gulnav

Gulnaz

Gulperî

Gulreng

Gulroj

Gulşa

Gulşen

Gulşîn

Gulsînem

Gulşirîn

Gulveda

Gulxatûn

Gulxoş

Gulzar

Guvend

Hana

Havîn

Hawdem

Hawdil

Hawjîn

Hawnaz

Hawniyaz

Hedar

Heîv

Hejîn

Helat

Helbest

Hêlîn

Hêmin

Hermîn

Hetaw

Hêvî

Hevjîn

Hewraz

Hewsa

Hilbîn

Hilbîn

Hinar

Hîvan

Huzan

Jale

Jêla

Jêlî

Jêlyan

Jîman

Jîn

Jînewer

Jiwan

Jiyan

Jîyan

Kaja

Kajîn

Kanî

Karîn

Kejal

Kejaw

Kejê

Keser

Kesrewan

Kevî

Kewer

Keyna

Kezîban

Kezîzer

Kilda

Kinê

Koçer

Kubar

Kuçer

Kulîlk

Kurdistan

Lale

Lalebend

Laleş

Lawîn

Leman

Lerzan

Lewken

Lezîn

Lorîcan

Lorîn

Mahabad

Malîn

Medya

Memyan

Mendê

Mercan

Mêrdîn

Merîvan

Mestan

Meyfroş

Mîdya

Mîna

Mircan

Mizgîn

Nalîn

Narîn

Navbihar

Nawnaz

Naza

Naza

Nazdar

Nazê

Nazenîn

Nazgul

Nazik

Naznaz

Nefel

Nemal

Nêrgiz

Nermîn

Nesrîn

Newîn

Newroz

Nîgaar

Nilufer

Nîna

Nîruj

Nîştîman

Nîyan

Novîn

Nûcan

Nûjen

Nujîn

Nuroj

Nuşa

Nûşîn

Pakdil

Peîman

Pejna

Pelek

Pelşîn

Pergul

Perî

Perînaz

Perîşan

Perîxan

Pêrûz

Perwîn

Peyam

Pirjîn

Pirnaz

Pîroz

Qumrî

Reben

Rêhan

Rejnê

Rengîn

Revend

Revîn

Rewan

Rewşen

Rexşan

Rêzîn

Rihan

Robar

Rojbîn

Rojda

Rojgul

Rojîn

Rona

Ronahî

Roza

Rozerîn

Rûgeş

Rûken

Rûna

Runahî

Rundik

Şadan

Şagul

Şana

Şana

Şanaz

Şaneşîn

Sara

Sazan

Şehla

Şehnaz

Şehrîvan

Seîran

Semîan

Şengal

Şengîn

Sera

Seran

Serav

Sergul

Şermîn

Serpîl

Seryal

Şevîn

Şewran

Sewza

Şeyda

Seyran

Sîbel

Sîber

Şîlan

Sîlav

Silîva

Sîmal

Sindis

Sindis

Sînem

Şirîn

Sîsê

Sîtav

Sîtav

Sitî

Sîwan

Sorgul

Sosin

Spêda

Spehî

Stêrk

Şulker

Şureş

Suz

Suzan

Tajev

Tara

Têlîcan

Tûjîn

Vejan

Vejîn

Veman

Vîan

Vîn

Viyan

Waja

Xacê

Xanem

Xanim

Xatûn

Xelat

Xemşîn

Xeyal

Xezal

Yardil

Yargul

Yasemîn

Yekber

Yekcan

Yekmal

Yekser

Yekta

Zara

Zarîn

Zêbazê

Zelal

Zende

Zera

Zêrê

Zerî

Zerîn

Zerya

Zerzan

Zevîn

Zîlan

Zîn

Zîv

Zîvan

Zozan